JN203754

男声合唱とピアノのための

恐竜たちの時代

ふうじろう・大場陽子 作詞

大場陽子 作曲

カワイ出版

男声合唱とピアノのための

恐竜たちの時代

　カワイ出版の委嘱により作曲し、The Premiere vol.4 において、合唱団 Pálinka により初演された作品です。この作品では、既成の詩ではなく、恐竜に憧れている5歳の男の子と恐竜についての会話を繰り広げ、生まれた言葉のフレーズをつないでいったものを、テキストとしています。恐竜たちが生きていた中生代には、どのような世界が広がっていたのでしょうか。

　1曲目は、中生代が始まる前の、古生代の海の中を表現したヴォカリーズによる作品となっており、続く2曲目〜4曲目では、恐竜が生まれ、まだ大陸が一つだった三畳紀、個体がどんどん大型化するジュラ紀、はじめて花が咲いた白亜紀のそれぞれの時代について描いています。

　地球が誕生してから、様々な生命が、誕生、興隆、絶滅を繰り返してきた先に、今、私たちは生きています。私たちの時代は、どこへ向かおうとしているのでしょうか。最終曲となる5曲目は、そんな問いかけを込めた作品となっています。

　恐竜に憧れる子どもから、かつて恐竜少年／少女だった大人まで、多くの方に聴いて、そして歌っていただきたい作品です。

2018年1月

大場陽子

委　嘱　カワイ出版
初　演　2018年1月8日　日立システムズホール仙台コンサートホール
　　　　《The Premiere vol.4「歌の誕生日〜新進作曲家による新作コンサート」》
　　　指　揮　千葉敏行
　　　ピアノ　田村聡子
　　　合　唱　合唱団 Pálinka

男声合唱とピアノのための
恐竜たちの時代

●全曲の演奏時間＝約 19 分 45 秒

携帯サイトはこちら▶

出版情報＆ショッピング　**カワイ出版ONLINE**　http://editionkawai.jp

1. 海の中で

大 場 陽 子 作曲

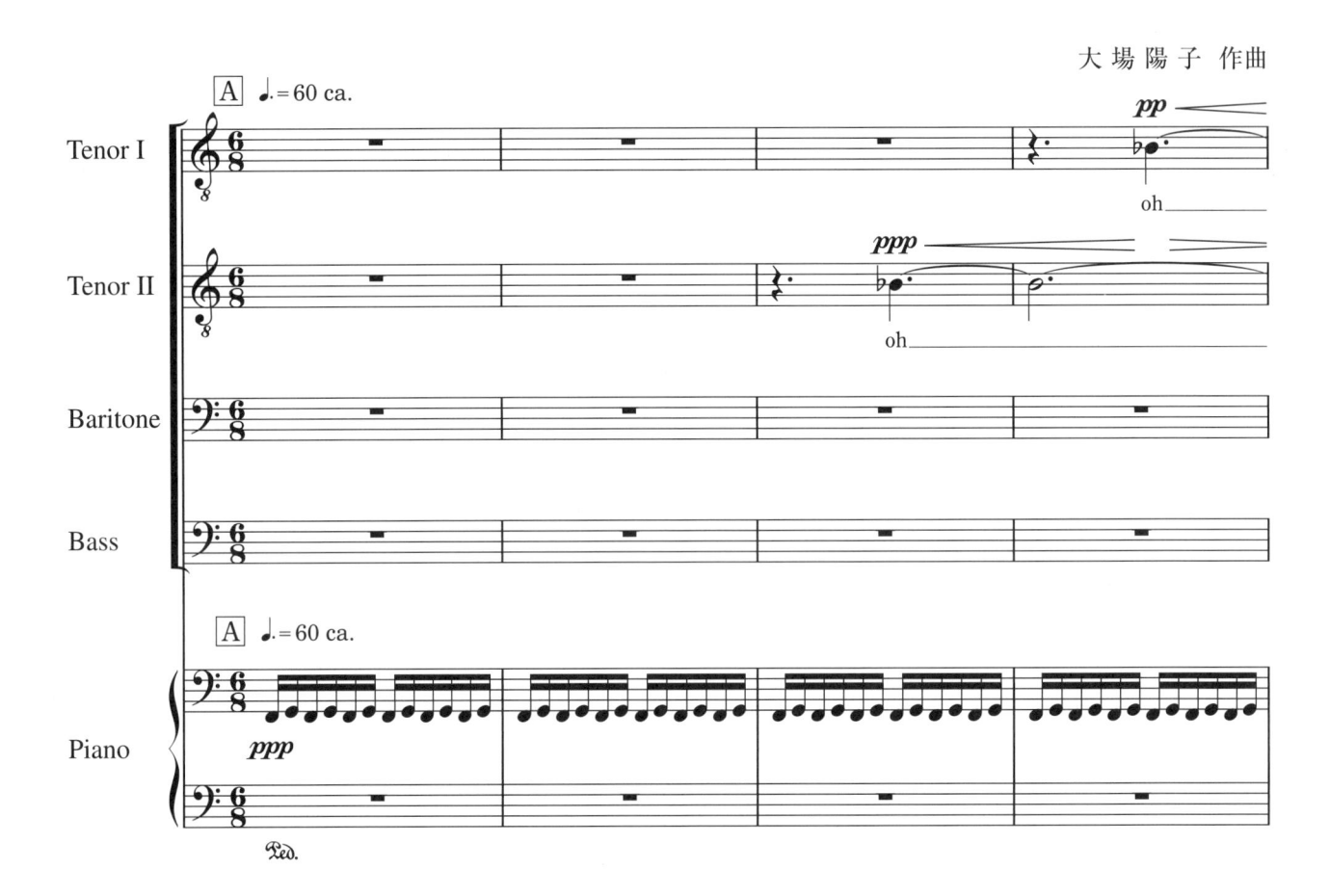

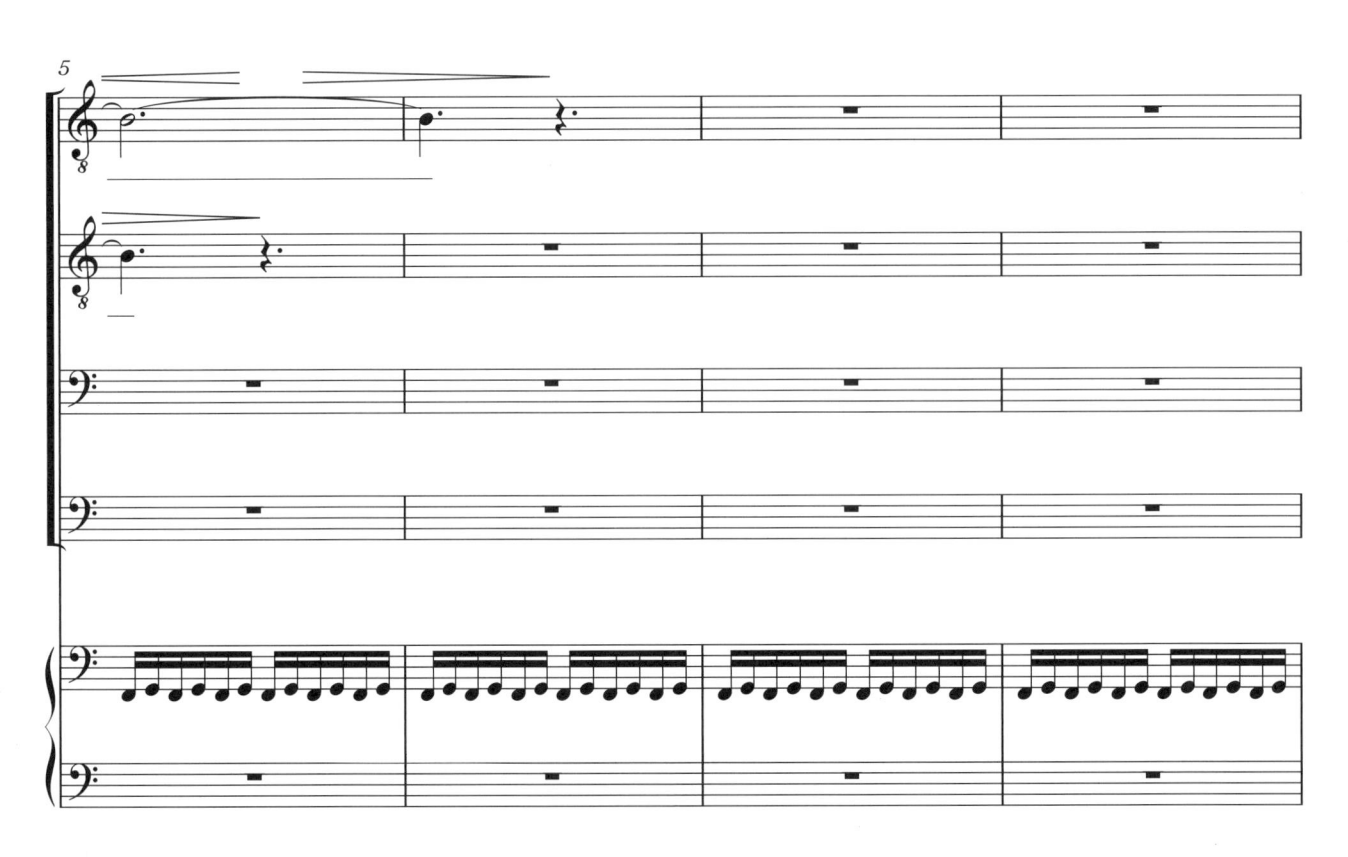

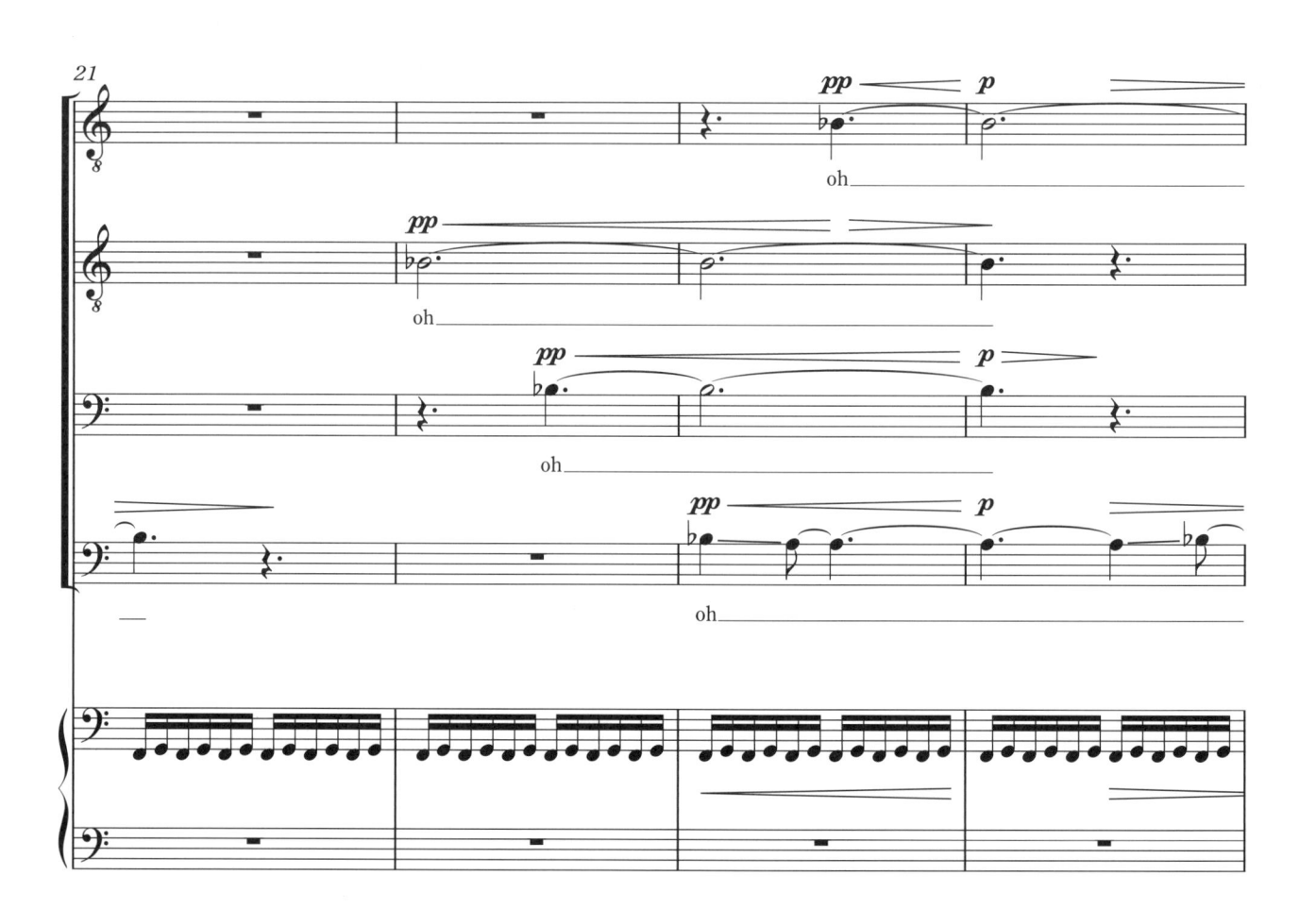

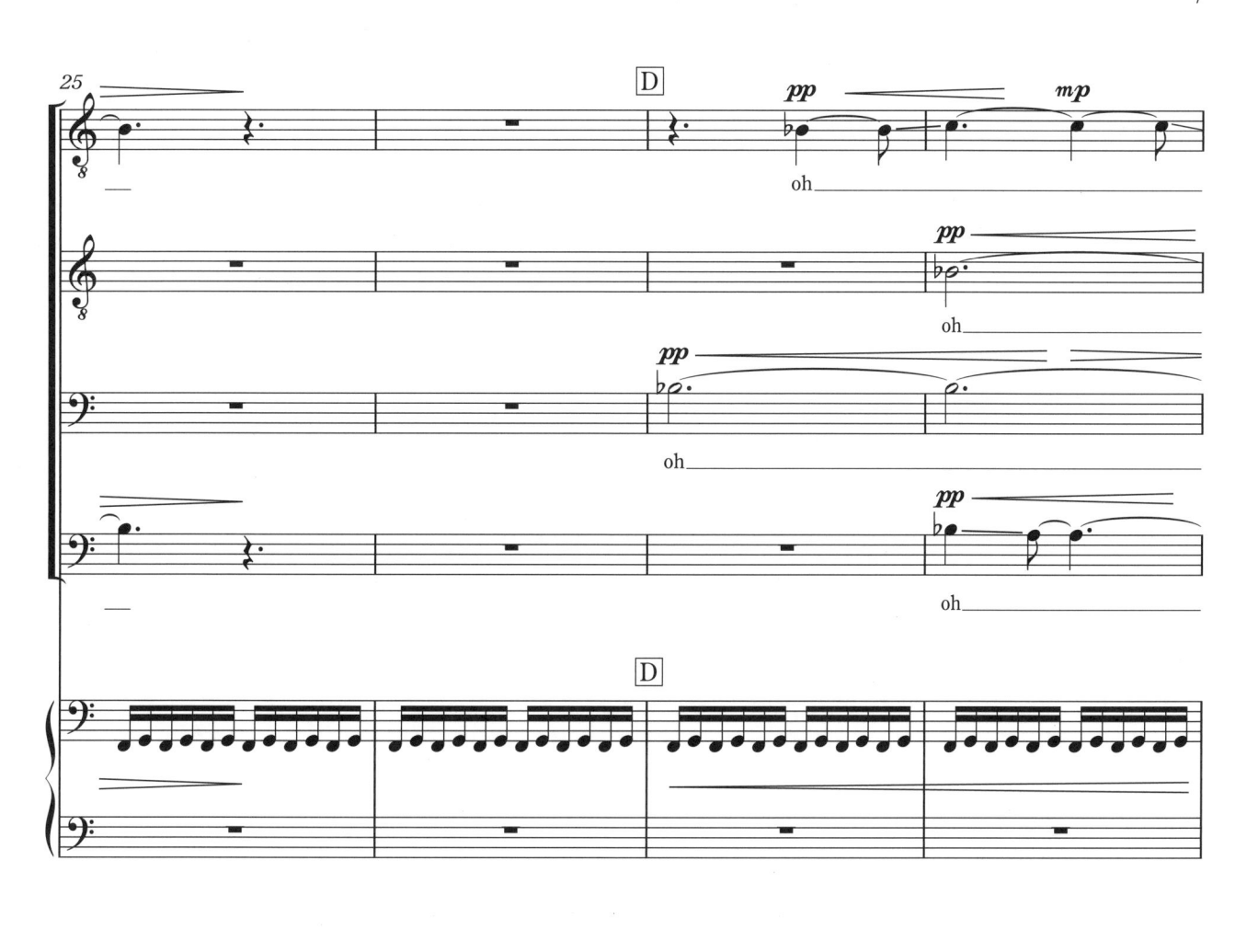

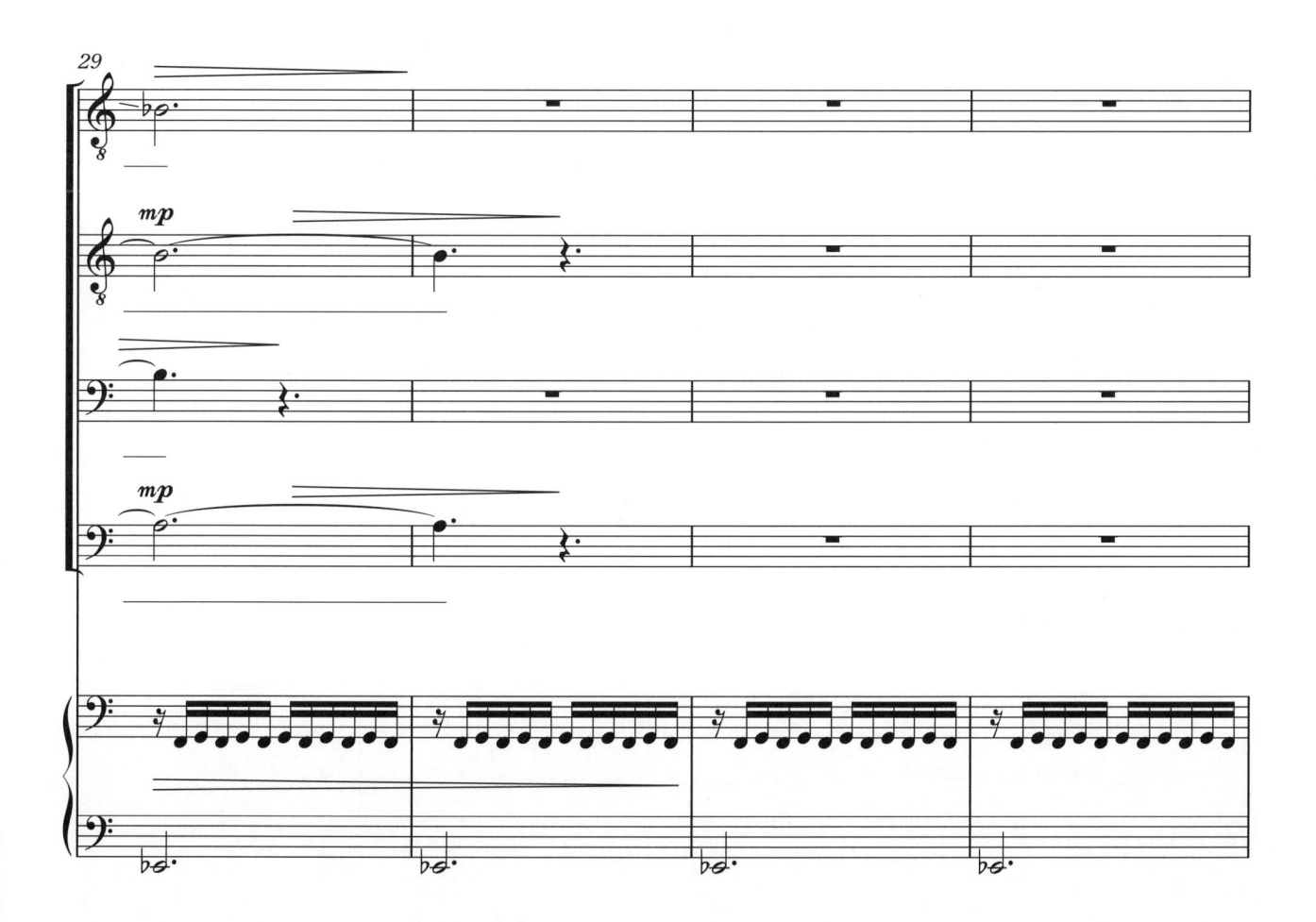

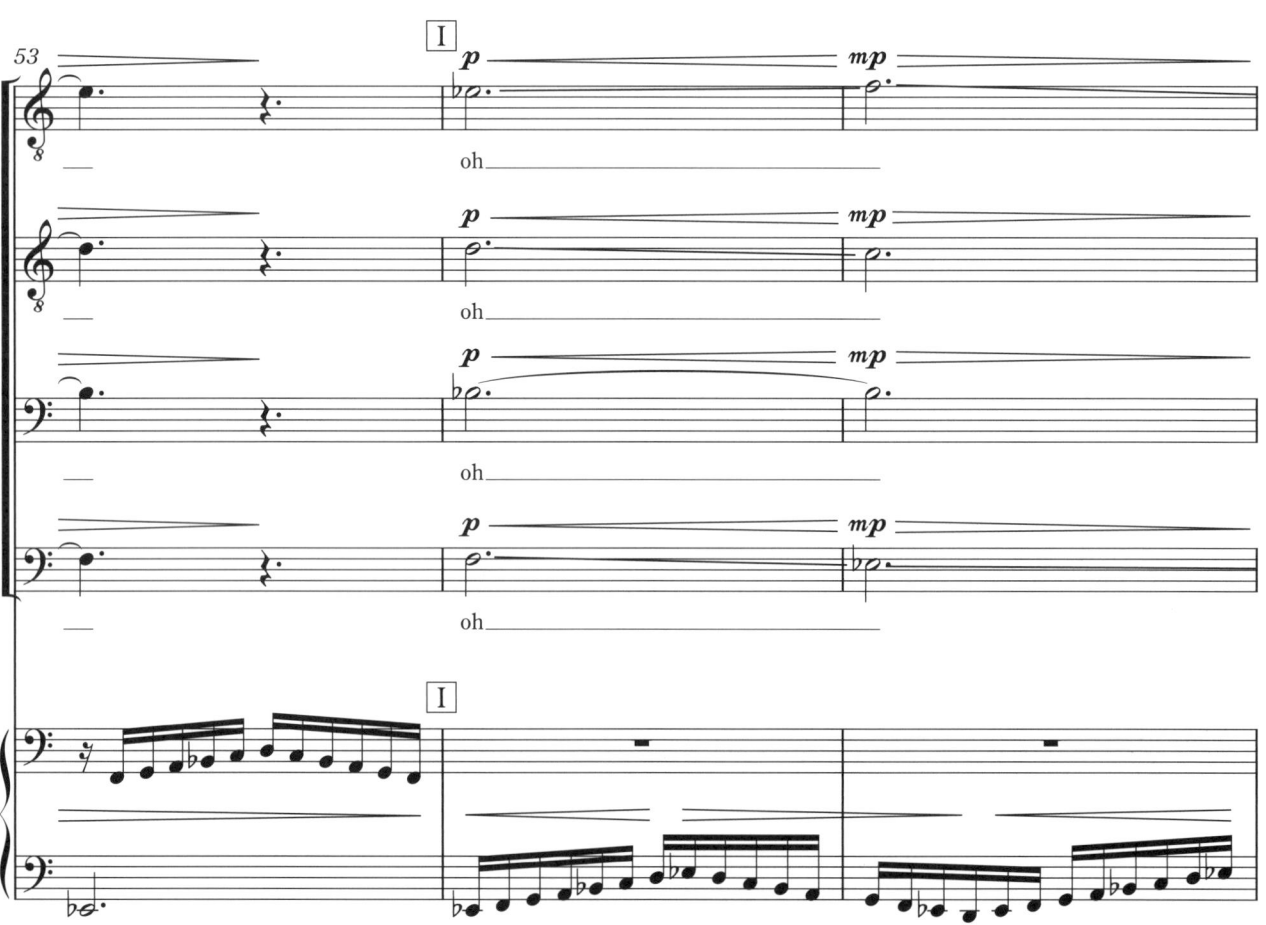

2. 超大陸パンゲア

ふうじろう 作詞
大場陽子 作曲

16

23

3. ジュラ紀の仮説

ふうじろう 作詞
大 場 陽 子 作曲

29

4. 花が咲く

大場 陽子 作詞・作曲

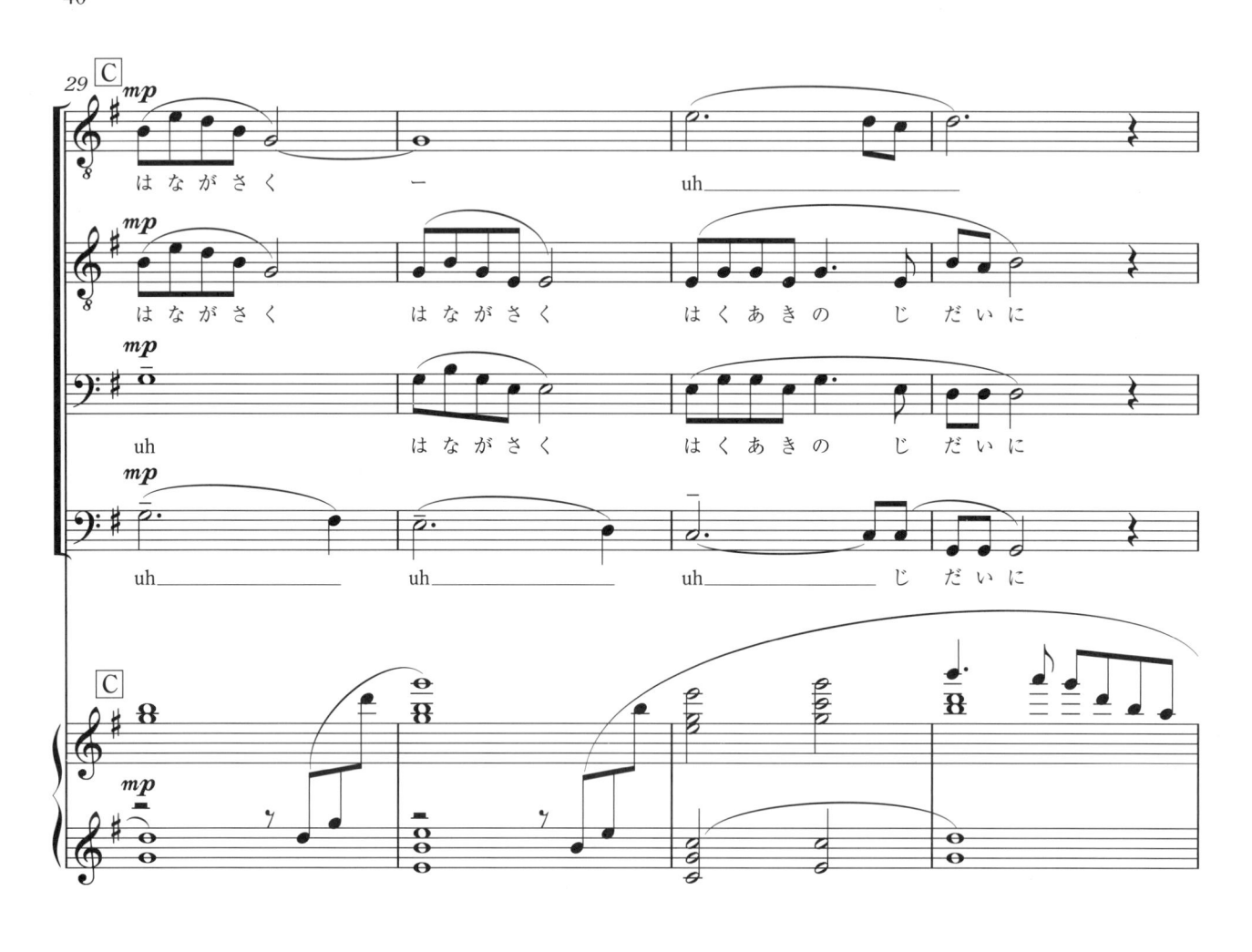

5. うまれ、あゆみ、ねむる

大場 陽子 作詞・作曲

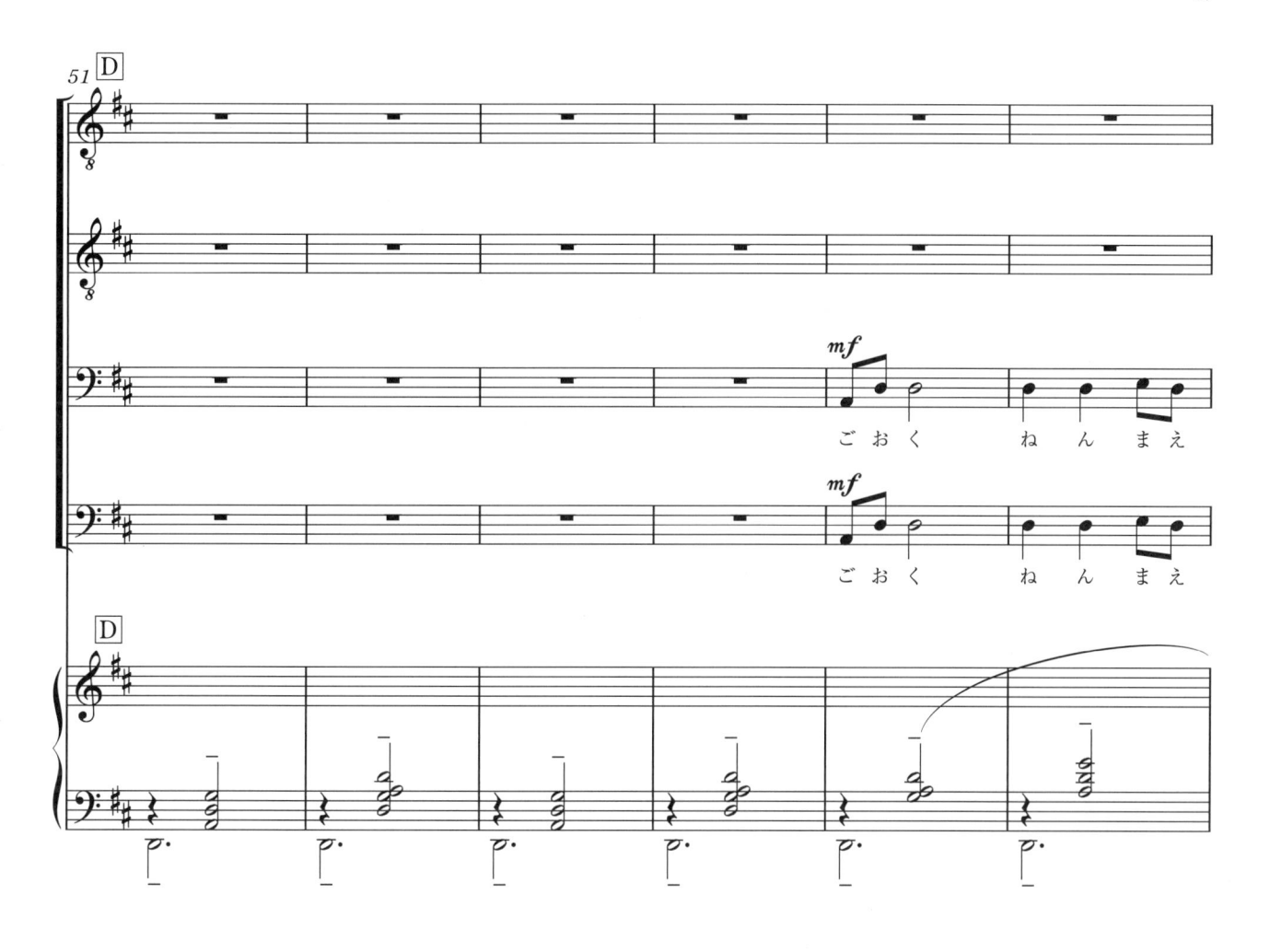

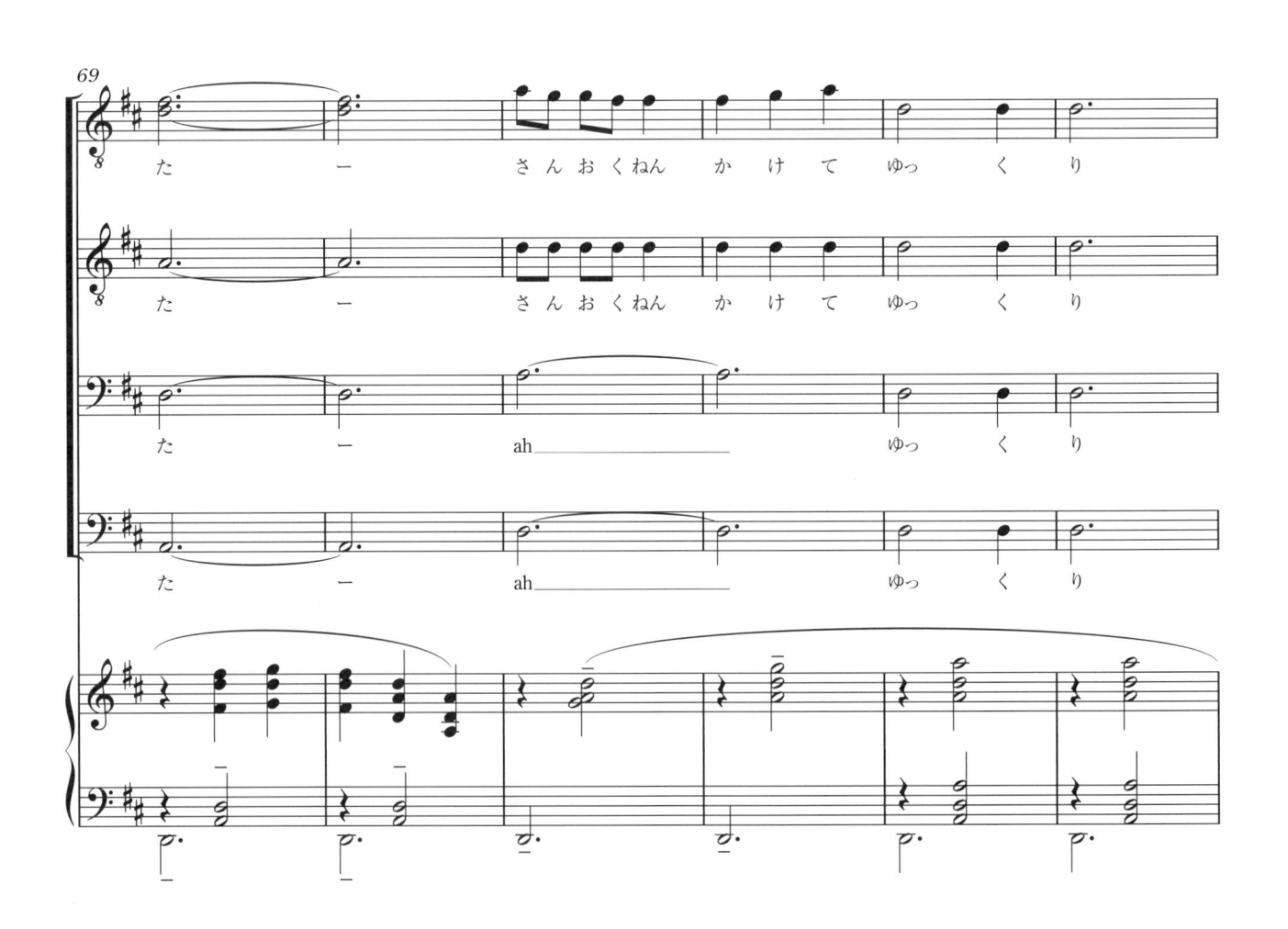

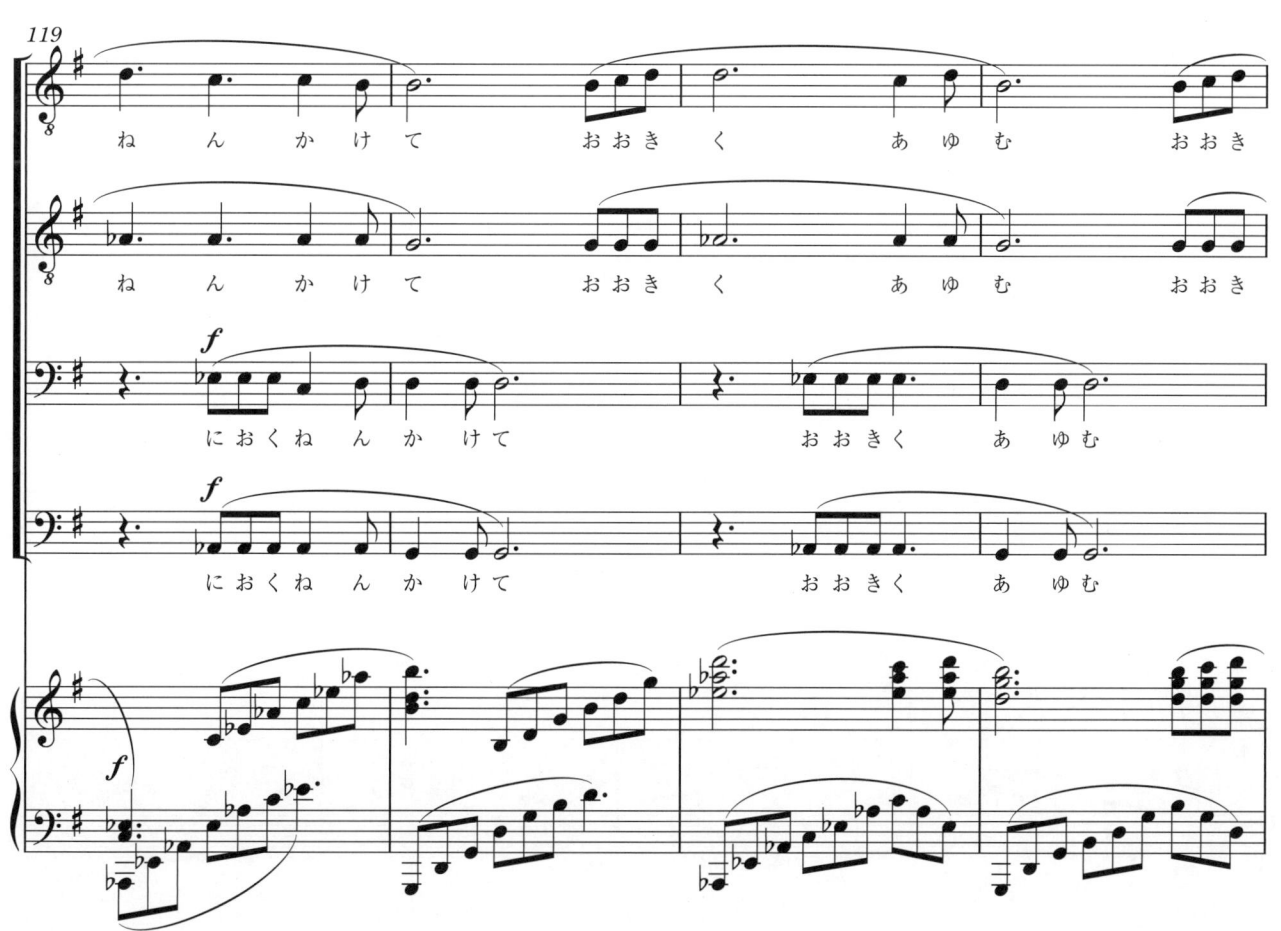

テキスト

ふうじろう・大場陽子

1. 海の中で
（ヴォカリーズ）

2. 超大陸パンゲア

パンゲア！　パンゲア！　パンゲア！
パンゲア！　パンゲア！　パンゲア！
超大陸　パンゲア！

ホモ・サピエンスよりも前に
ずっとずっと前に
恐竜たちが生きていた

ホモ・サピエンスよりも長く
ずっとずっと長く
恐竜たちが生きていた

さかのぼって
第四紀　第三紀　白亜紀　ジュラ紀　三畳紀
そこには広がる大陸！
どこまでも続くパンゲア！

およそ2億3000万年前に
恐竜たちが現れた
そこには広がる大陸！
どこまでも続くパンゲア！
一つの大陸　超大陸パンゲア！

パンゲア！　パンゲア！　パンゲア！
超大陸　パンゲア！

ホモ・サピエンスよりも前に
ずっとずっと前に
恐竜たちが生きていた

ホモ・サピエンスよりも長く
ずっとずっと長く
恐竜たちが生きていた

ずっとずっと前に　ずっとずっと長く
恐竜たちが生きていた

3. ジュラ紀の仮説

ずん！　ずん！　ずん！　ずん！
ぐん！　ぐん！　ぐん！　ぐん！

どんどん大きく　どんどん強く
大型化する　肉食恐竜（獣脚類！）
メガロサウルス！　ケラトサウルス！
アロサウルスに　コンプソグナトゥス！

ずん！　ずん！　ずん！　ずん！
ぐん！　ぐん！　ぐん！　ぐん！

どんどん大きく　どんどん強く
大型化する　植物食恐竜（竜脚形類！）
マメンチサウルス！　ディプロドクス！
カマラサウルスに　ブラキオサウルス！

ずん！　ずん！　ずん！　ずん！
ぐん！　ぐん！　ぐん！　ぐん！

おならも大きく　げっぷもすごい
バフッ！　ボフッ！　ブー！　ブー！
バフッ！　ボフッ！　ブー！

メタンガスが　大量発生
地球は　どんどんあたたまる
植物はどんどん育ち　恐竜もますます育つ
植物食恐竜は　葉っぱを食べ　いのちをつくる
肉食恐竜は　植物食恐竜から　いのちを受けとって　生きる

ずん！　ずん！　ずん！　ずん！
ぐん！　ぐん！　ぐん！　ぐん！

肉食恐竜から身を守り　骨が進化　体を覆う
鎧やトゲのように（鳥盤類！）
ステゴサウルス！　カンプトサウルス！
イグアノドンに　ケントロサウルス！

ずん！　ずん！　ずん！　ずん！
（バフッ！　ボフッ！　ブー！　ブー！）
ぐん！　ぐん！　ぐん！　ぐん！
（バフッ！　ボフッ！　ブー！）

4. 花が咲く

花が咲く　花が咲く　白亜紀の時代に
花が咲く　花が咲く　白亜紀の時代に

虫や鳥が　花粉を運び　花が咲いた
恐竜たちの　生きてた時代に　ぽつり　咲いた

花が咲く　花が咲く　白亜紀の時代に
花が咲く　花が咲く　恐竜の時代に

どんな色を　見たのかな
どんな香りを　かいだのかな

5. うまれ、あゆみ、ねむる

46億年前に　地球がうまれた
40億年前に　生命がうまれた
35億年かけて　ゆっくりゆっくり　あゆむ
たゆたうように生きていた　エディアカラの生命たち
海の中で　ゆっくりあゆむ　そして　ねむる

5億年前に　オゾン層がうまれた
やがて　木がしげり　森がうまれた
3億年かけて　ゆっくりゆっくり　あゆむ
光をあびて生きていた　古生代の生命たち
海の中から陸へと　あゆむ　そして　ねむる

2億3000万年前に　恐竜がうまれた
やがて羽がうまれ　空へ羽ばたく
2億年かけて　大きくあゆむ
大きく　大きくあゆむ
風になびかれ生きていた　中生代の生命たち
大地から空へ　あゆむ

20万年前に　ヒトがうまれた
農耕文化がうまれ　貨幣がうまれ
科学がうまれ　核がうまれた
たった20万年で　加速するあゆみ
どこまであゆむのだろう　どこにねむるのだろう
たった20万年で　加速するあゆみ
行き場のない　あゆみ

大場陽子 （Yoko OBA)

　東京藝術大学大学院修士課程修了。第67回日本音楽コンクール第1位受賞。第22回および第26回芥川作曲賞において、オーケストラ作品『誕生』『ミツバチの棲む森』がそれぞれノミネート。「音楽のある空間づくり」をテーマに様々なスタイルの公演を行う。また、2009年より「生活に寄り添う発酵音楽プロジェクト」を始動。CD『お酒の子守唄』とその音楽で音響熟成させた純米吟醸音楽酒「天音」が発売中。2013年には「大地が生み出す産物をテーマにした音楽」を収録したCD『お豆の物語＆ゆきむすび』をリリース。近年は、自然界から発想を得た作品制作に取り組んでいる。作曲家グループ「クロノイ・プロトイ」メンバーとしても活動し、企画公演に対してサントリー芸術財団より「第9回佐治敬三賞」を受賞。現在、岩手大学准教授。
http://www.obayoko.com

男声合唱とピアノのための **恐竜たちの時代**　ふうじろう・大場陽子 作詞／大場陽子 作曲

●発行所＝カワイ出版（株式会社 全音楽譜出版社 カワイ出版部）
　　〒161-0034 東京都新宿区上落合 2-13-3　TEL 03-3227-6286／FAX 03-3227-6296
　　出版情報 http://editionkawai.jp
●楽譜浄書＝H-t studio　●印刷・製本＝NHK ビジネスクリエイト

2018年1月8日 第1刷発行

混声合唱作品

虹	混声四部合唱ピース		信長貴富 編曲	中
花束を君に	合唱ピース		石若雅弥 編曲	初〜中
朝焼けの空に	混声合唱とピアノのための…	みなづきみのり 詩／なかにしあかね 曲		中
冬の枝	混声合唱ピース	星野富弘 詩／なかにしあかね 曲		中
風のマーチ	無伴奏混声合唱曲集		石若雅弥 曲	中
燕の歌	混声合唱組曲	立原道造 詩／山下祐加 曲		中
360°	混声三部合唱ピース		土田豊貴 編曲	初
なんと なんと なんしょ	無伴奏混声合唱のための	淵上毛錢 詩／瑞慶覧尚子 曲		中
夕ぐれの時はよい時	混声合唱とピアノのための	堀口大學 詩／木下牧子 曲		中
ヒカリノアトリエ	合唱ピース		石若雅弥 編曲	初〜中
言葉は	混声合唱曲	谷川俊太郎 詩／信長貴富 曲		中
手から、手へ	混声合唱とピアノ連弾のための	池井昌樹 詩／名田綾子 曲		中
つぼみをみあげて	混声合唱曲	和合亮一 詩／なかにしあかね 曲		中
フォスター名曲集	混声四部合唱のためのメドレー		石若雅弥 編曲	初
ルネサンス・ポリフォニー選集　宗教曲篇			全日本合唱連盟 編	中
巡 礼	混声合唱曲		鈴木憲夫 曲	初〜中
ことばは魔法	混声合唱曲	三好清子 詩／信長貴富 曲		中
合唱でスポ根！	混声合唱のための		田中達也 編曲	初〜中
交響詩曲 伊東マンショ 〜時を超える祈り〜		伊藤一彦 短歌／出田敬三 曲		初〜中
若い広場	混声合唱ピース		石若雅弥 編曲	初〜中
天使、まだ手探りしている	混声合唱アルバム	谷川俊太郎 詩／相澤直人 曲		中
愛する人へ	混声合唱曲	門倉 訣 詩／信長貴富 曲		中
先駆者の詩	混声合唱曲	山村暮鳥 詩／信長貴富 曲		中
鯉のぼり	混声合唱ピース		飯田正紀 編曲	初〜中
汽車ポッポ	混声合唱ピース		飯田正紀 編曲	初〜中
時計台の鐘	無伴奏混声合唱で歌う日本名歌集		藤枝昭俊 編曲	中
いのちの朝に	混声合唱とピアノのための	栗原 寛 詩／相澤直人 曲		中
やがて悲しみが	混声合唱とピアノのための	三好達治 詩／市原俊明 曲		中
あの日の空の詩	合唱のためのシアターピース	しままなぶ 詩／信長貴富 曲		中〜上
合唱でオペラ・アリア	混声合唱のためのメドレー		青木雅也 編曲	初
飛んでゆきましょう	混声合唱組曲	阪田寛夫 詩／大中 恩 曲		初〜中
明日はどこから	合唱ピース		石若雅弥 編曲	初
思い出リミックス	混声合唱曲集	谷川俊太郎 詩／信長貴富 曲		中